Emily MacBeaconsfield / Roland Falke

101 Sätze gegen die peinliche Stille

Bibliografische Information der Deutschen Nationalbibliothek:
Die Deutsche Nationalbibliothek verzeichnet diese Publikation in der Deutschen National-
bibliografie; detaillierte bibliografische Daten sind im Internet über dnb.dnb.de abrufbar.

© 2016 Fabian Wolff
Herstellung und Verlag:
BoD – Book on Demand, Norderstedt

ISBN: 978-3-7392-0401-7

Liebe Leser,

kennen Sie dieses Gefühl? Sie sitzen neben einer Person (oder auch einer Gruppe von Personen), das Wetter wurde bereits thematisiert, das aktuelle Politikgeschehen haben Sie in der letzten Woche nicht verfolgt und für das Neueste vom Sport zeigt ihr Gegenüber kein Interesse. Weder ist ein Radio verfügbar, das man aufdrehen könnte, noch ein Hund, dem sich ein Stock zuwerfen ließe. Die Luft wird von Sekunde zu Sekunde dicker und stickiger, Sie hören Ihren Atem und das Ticken der Uhr an der Wand, und langsam wird Ihnen bewusst, dass Sie sich am liebsten ganz schnell wegbeamen würden. Aber ein vorzeitiger Aufbruch ist nicht möglich oder wäre unangemessen. Also verharren Sie weiter und Ihr Gesprächspartner ist ebenso versteinert wie Sie selbst. Ihr bester Freund hätte jetzt einen flotten Spruch auf den Lippen – aber der ist nicht hier. Und so macht sie sich langsam bemerkbar: die peinliche Stille.

Sei es das Kaffeetrinken bei den Schwiegereltern, die Fahrgemeinschaft mit dem Chef oder das wichtigste Date Ihres Lebens: Wahrscheinlich kennt jeder von uns diese Situationen, in denen der Kloß im Hals immer weiter zu wachsen und sich die Zunge wie von selbst immer weiter zu verknoten droht. Zu allem Übel entstehen diese Situationen gerade häufig in Gegenwart der Menschen, die uns eigentlich sympathisch erscheinen, die wir gerne näher kennenlernen möchten und mit denen wir uns auf eine gewisse Weise verbunden fühlen. Doch selbst dann, wenn es uns weniger um die inneren Werte unseres Gesprächspartners geht, kann es für uns von Interesse sein, eine positive Beziehung zu ebendiesem aufzubauen, und ebenso schwierig kann es sein, unter Druck ein anständiges Gespräch zustande zu bringen.

Egal, ob wir endlich unsere Jugendliebe im Steakhaus oder unseren Personalchef beim Betriebsfest vor uns haben: In beiden Fällen sehnen wir uns nach Heuristiken, mit deren Hilfe wir aus einem Gespräch mehr als nur oberflächlich-einfallslosen Smalltalk herausholen können.

Ein gutes Gespräch ist dann ein gutes Gespräch, wenn man es mit niemandem sonst in derselben Weise hätte führen können. Von diesem Grundgedanken ausgehend haben wir für dieses Buch 101 Sätze ausgewählt, mit denen Sie bei nahezu jeder Person punkten und einen bleibenden Eindruck hinterlassen können. Seien Sie überraschend anders und zeigen Sie wahrhaftes Interesse, ohne allzu aufdringlich zu wirken oder den Tritt ins Fettnäpfchen zu riskieren. Seien Sie mutig und stellen Sie ruhig Fragen, die auf den ersten Blick ungewöhnlich oder merkwürdig klingen mögen und die wahrscheinlich niemand sonst stellen würde. Möglicherweise werden Ihre Gesprächspartner voller Verwunderung nachfragen, ob sie Sie tatsächlich richtig verstanden haben. Aber mit großer Wahrscheinlichkeit werden sie Ihre Frage weitaus lieber beantworten wollen als den letzten Regenschauer, die aktuellen Aktienkurse oder die Bananenpreise der nächsten Woche in aller Ausführlichkeit erörtern zu müssen. Oder – und das vor allem – weiterhin die peinliche Stille zu ertragen.

Das Geheimnis der 101 Sätze gegen die peinliche Stille

Was macht die 101 Sätze gegen die peinliche Stille nun so einzigartig?

Es handelt sich um Fragen, auf die nicht nur jeder eine Antwort hat, sondern auf die (fast) jeder eine Geschichte erzählen kann. Eine Geschichte mit Bedeutung, mit persönlichen Hintergründen, mit tieferem Sinn. Und eine solche Geschichte bietet die Grundlage für ein weitergehendes Gespräch. Zu diesem Zweck lenken die 101 Sätze einerseits hinreichend differenziert auf ein Thema zu – sie bieten andererseits ausreichend großen Entfaltungsspielraum, sodass Ihr Gesprächspartner seiner Antwort eine ganz persönliche Note geben kann. Unter Mithilfe zahlreicher psychologisch fachkundiger Helfer haben wir uns schließlich aus einer großen Auswahl potenzieller Sätze auf diese 101 Favoriten einigen können.

Gebrauch des Buchs

Beim Durchsehen der einzelnen Sätze werden Sie feststellen, dass zum einen sehr unterschiedliche Inhalte thematisiert werden; zum anderen variieren die

Fragen merklich bezüglich ihrer Intimität. Wenngleich jeder der 101 Sätze einen sehr weiten Adressatenkreis anspricht, sollten Sie beachten, dass nicht jede Frage für jede Person gleichermaßen geeignet sein könnte. Allerdings sind wir der Meinung, dass Sie mit Sicherheit in der Lage sind, eine solche Einschätzung sehr gut vornehmen zu können.

Im Allgemeinen sind die 101 Sätze gegen die peinliche Stille derart formuliert, dass sie auf positive Erlebnisse fokussieren bzw. unschöne Erinnerungen durch ihren Gesprächspartner zumindest umgangen werden können. Ohne in Schüchternheit zu verfallen, sollten Sie trotzdem stets sensibel dafür sein, ob eine der vorgestellten Fragen möglicherweise einen wunden Punkt Ihres Gesprächspartners treffen könnte. Stellen Sie die Frage in einem solchen Fall besser nicht oder modifizieren Sie sie entsprechend.

Ohnehin sollten Sie die folgenden Seiten in erster Linie als Inspiration (anstatt als wortwörtliche Instruktion) für Ihr Gespräch auffassen, die Sie Ihrer eigenen Person und Gesprächssituation anpassen können und sollten.

An dieser Stelle noch zwei Hinweise:

- Weniger ist mehr: Die 101 Sätze gegen die peinliche Stille mögen teilweise seltsam und ungewöhnlich klingen – gezielt eingesetzt können sie jedoch ihren Zweck als Gesprächsgrundlage erfüllen. Achten Sie aber darauf, in einem Gespräch nicht zu viele der Fragen zu stellen. Die meisten der hier vorgestellten Sätze sind im gewohnten Alltagsgespräch eher unüblich. Wenn Sie zu viele Sätze in zu kurzen Abständen verwenden, laufen Sie deshalb in Gefahr, bei Ihrem Gesprächspartner selbst einen merkwürdigen Eindruck zu hinterlassen.

- Seien Sie auf der Hut: Sollten Sie mit einer Frage das Interesse Ihres Gesprächspartners gewinnen, stellen Sie sich darauf ein, dass dieser Sie – sei es aus Interesse oder aus Höflichkeit – mit derselben Frage konfrontiert. Denken Sie also bereits im Vorfeld darüber nach, wie Sie die von Ihnen ausgewählte Frage beantworten würden, und vermeiden Sie gegebenenfalls Sätze, die Sie selbst nicht ansprechend finden. Um dem Problem der Gegenfragen vorzubeugen, sind einige der Sätze gegen die peinliche Stille mit entsprechenden Hinweisen versehen.

Gliederung

Der Übersichtlichkeit halber wurden die 101 Sätze fünf Kategorien zugeordnet:

- Die drei Bereiche *„Was war?"*, *„Was ist?"* und *„Was wird?"* beziehen sich auf Ereignisse und Zustände, Motive und Absichten sowie Träume und Wünsche aus Vergangenheit, Gegenwart und Zukunft.
- Die Kategorie *„Was würde?"* stellt den Gesprächspartner vor mehr oder weniger realistische Gedankenexperimente. Während sich einige Fragen auf das Verhalten beim Auftreten theoretisch vorstellbarer Umstände beziehen, geht es bei anderen Fragen darum, wie das eigene Leben unter anderen Ausgangsbedingungen oder bei anderen Entscheidungen zu bestimmten Lebenszeitpunkten ausgesehen hätte.
- Die letzte Kategorie *„Wenn das alles nichts hilft"* stellt schließlich noch einige besonders kreative Ideen dar, aus Ihrem Gespräch ein ganz spezielles Erlebnis werden zu lassen.

Beachten Sie, dass sich viele Inhalte auf andere Kategorien übertragen lassen, wodurch sich Ihr Fragenpool schnell und einfach erweitern lässt.

***

Für die peinliche Stille kann es verschiedene Gründe geben. Häufig kann aber bereits ein einziger Satz das Eis zum Schmelzen bringen. Wir sind sicher: Mit diesem Ratgeber wird dies auch Ihnen im Handumdrehen gelingen!

Herzlichst

Emily MacBeaconsfield & Roland Falke

Kapitel I: Was war?

Satz 1:
„Wovon hast du das letzte Mal geträumt?"

Wenngleich die Häufigkeit des Träumens bei jedem Menschen in etwa gleich ausgeprägt zu sein scheint, ist die Erinnerung an Träume interindividuell doch sehr verschieden. Heute weiß man: Mindestens drei Minuten Wachheit sind erforderlich, um sich an einen Traum im Nachhinein erinnern zu können. Aber wissenschaftlich durchdrungen ist die Thematik des Träumens noch lange nicht.

Was fasziniert uns so an unseren Träumen? Möglicherweise ist es die Kombination aus Realität und Fiktion: So sind unsere Erlebnisse im Traum doch meist theoretisch unmöglich oder zumindest unwahrscheinlich – trotzdem scheinen sie einen wahren Kern zu haben und spiegeln unsere verborgenen und verdrängten Emotionen vielleicht deutlicher als alles andere Erleben wider.

Seit Jahrhunderten versuchen Menschen, der Bedeutung ihrer Träume auf die Spur zu kommen. Während die in der Antike vorherrschende Interpretation von Träumen als Überbringer göttlicher Botschaften inzwischen bezweifelt wird, ist Traumdeutung heute Bestandteil verschiedener insbesondere tiefenpsychotherapeutischer Ansätze, die auf diesem Weg Zugang zum Unterbewusstsein suchen.

Vielleicht stellt die Analyse von Träumen auch für Sie eine Möglichkeit dar, an Ihrem Gegenüber ganz neue Facetten kennen zu lernen. Zumindest besteht die Chance auf eine unterhaltsame Geschichte!

Satz 2:
„Was wolltest du als Kind werden?"

***

Satz 3:
„Warum hast du deinen Beruf gewählt?"

***

Satz 4:
„Wie bist du zu deiner Wohnung gekommen?"

***

Satz 5:
„Wo war dein Platz im Klassenraum?"

***

Satz 6:
„Wer hat auf deinem letzten Konzert gespielt?"

Satz 7:
„Von wem hast du deine letzte Postkarte bekommen?"

***

Satz 8:
„Wie haben dich deine Lehrer beschrieben?"

***

Satz 9:
„Was war deine erste CD?"

***

Satz 10:
„Wobei warst du das letzte Mal kreativ?"

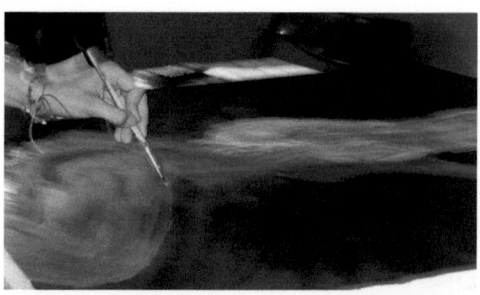

Satz 11:
„Wann wurdest du das letzte Mal komisch angeguckt?"

***

Satz 12:
„Wofür hast du mal richtig Ärger bekommen?"

***

Satz 13:
„Wo hast du das letzte Mal gezeltet?"

***

Satz 14:
„Was stand über dich im Jahrbuch?"

Satz 15:
„Wohin ging deine weiteste Reise?"

***

Satz 16:
„In welchem Job hast du die kürzeste Zeit gearbeitet?"

***

Satz 17:
„Wann bist du am schnellsten gerannt?"

***

Satz 18:
„Wie kam es zu deinem härtesten Black-Out?"

***

Satz 19:
„Wie war dein erster Kuss?"

Satz 20:
„Wie war dein Wochenende?"
(Autor: Philipp Rauwald)

***

Satz 21:
„Wie hast du deinen aktuellen Partner kennengelernt?"
(Falls Ihr Gegenüber keinen Partner hat, fragen Sie: „Warum bist du Single?")

***

Satz 22:
„Was war deine beste Anschaffung innerhalb der letzten 12 Monate?"

***

Satz 23:
„Mit wem warst du das letzte Mal essen?"

Satz 24:
„Wann warst du das letzte Mal richtig glücklich?"

Warum sind wir glücklich? Und was macht uns unglücklich?

Eine erste Idee könnte sein, Größen wie Geld, Prestige, Geschlecht, Alter oder Intelligenz heranzuziehen. Erkenntnisse der Glücksforschung zeigen aber, dass diese Faktoren unser Glück nicht maßgeblich beeinflussen. Vielmehr ist es entscheidend, wie gut wir uns auf sich verändernde Lebensbedingungen und Probleme anpassen können und wie unsere Einstellung zum Glück aussieht: Wer sich selbst als Glückspilz wahrnimmt, erlebt mehr Glücksmomente als ein selbst definierter Pechvogel.

Eine weitere wichtige Feststellung: Glücklichsein bedeutet für jeden etwas anderes und jeder muss für sich selbst herausfinden und entscheiden, was Glück für ihn bedeutet.

Wie sieht es bei Ihrem Gesprächspartner aus? Was bedeutet Glück für ihn?

***

Satz 25:
„Wann hast du das letzte Mal etwas Verbotenes getan?"

***

Satz 26:
„Womit hast du das erste Mal Geld verdient?"

Satz 27:
„Wohin ging deine letzte Radtour?"

***

Satz 28:
„Was ist die berühmteste Person, mit der du schon einmal gesprochen hast?"
(Autor: Niklas Kohnen)

***

Satz 29:
„Was war dein erstes Haustier?"

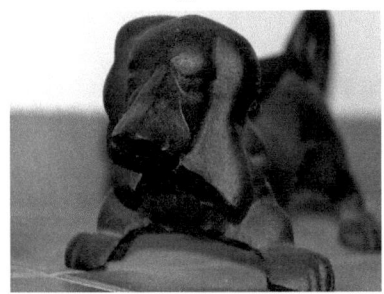

Beachten Sie: Wenn Sie auch nach dem Namen des Haustiers fragen, könnte der Eindruck entstehen, Sie wollten sich unrechtmäßigerweise Zugriff auf private Benutzerkonten der Online-Profile Ihres Gesprächspartners verschaffen. Sollten Sie genau diese Absicht verfolgen, lenken Sie das Gespräch besser auf die Mädchennamen Ihrer Mütter. Autor: Elias Strehle.

13

Satz 30:
„Wann hast du die letzte Nacht durchgemacht?"

***

Satz 31:
„Warst du schon einmal bei einem Blind Date?"

(Wird Ihre Frage bejaht, fragen Sie „Wie ist es dazu gekommen?" oder „Wie war es?".
Wird Ihre Frage verneint, fragen Sie „Warum nicht" oder „Und könntest du dir vorstellen,
später einmal an einem Blind Date teilzunehmen?".)

***

Satz 32:
„Was hat dich in diese Stadt geführt?"

***

Satz 33:
„Wobei warst du mal im TV zu sehen?"

(Sollte Ihr Gesprächspartner noch nie im Fernsehen zu sehen gewesen sein, fragen Sie
ihn, ob sein Name schon einmal in der Zeitung stand. Sollte auch dies nicht der Fall sein,
überlegen Sie gemeinsam, wovon ein Artikel über Ihren Gesprächspartner handeln könnte: Was ist seine große Stärke? Was hebt ihn von anderen ab?)

***

Satz 34:
„Wohin ging deine beste Klassenfahrt?"

Satz 35:
„Was war dein peinlichstes Erlebnis?"

***

Satz 36:
„Über welches Geschenk hast du dich in deinem Leben am wenigsten gefreut?"

***

Satz 37:
„Hast du schon einmal darüber nachgedacht, deinen Partner zu betrügen?"
(nach einer Idee von Philipp Rauwald)

Satz 38:
„Wofür hast du dein erstes Taschengeld ausgegeben?"

***

Satz 39:
„Was war dein gefährlichstes Erlebnis?"

***

Satz 40:
„Welches ist das letzte Kompliment, das du bekommen hast?"

In einem Gespräch, in dem einen die Worte fehlen, ist ein Kompliment häufig auch eine geeignete Möglichkeit, die Stille zu durchbrechen und gleichzeitig Sympathie und Nähe zwischen zwei Gesprächspartnern zu erzeugen. Egal, welchem Geschlecht Sie selbst angehören: Einer Frau könnten Sie beispielsweise sagen, dass sie gut riecht oder ein hübsches Top trägt. Einem Mann könnten Sie sagen, dass er (bestimmt) sehr gut Auto fahren kann.

Bemühen Sie sich jedoch, Ihr Kompliment glaubhaft und möglichst spontan und unaufdringlich herüberzubringen, damit sich Ihr Gesprächspartner nicht veralbert oder überfordert fühlt. Während Sie einem Mann guten Gewissens auch ein direktes Kompliment machen können, sollten Sie einer Frau gegenüber etwas subtiler sein. Anstatt stumpf zu loben, sollten Sie – auf das obige Beispiel bezogen – besser fragen, welchen neuen Duft bzw. ob sie ein neues Oberteil trägt.

Für den Fall, dass sich aus Ihrer Frage ein Gespräch über das Thema Komplimente entwickelt, sollten Sie wissen, dass es einen Tag der Komplimente gibt: Jährlich am 1. März sollen besonders viele Komplimente gemacht werden.

Kapitel II: Was ist?

Immer wieder aufs Neue ist es spannend zu debattieren, was uns am anderen Geschlecht reizt. Gerade die Frage nach der Priorität zwischen Hintern und Brüsten nimmt in Diskussionen dieser Art einen besonderen Platz ein.

Obwohl uns an verschiedenen Personen oft gerade spezielle Körpermerkmale gefallen, die sich nicht grundsätzlich auf dieselbe Region beziehen müssen, outen sich viele Menschen eindeutig als Arsch- oder Brustmensch. Insbesondere Männer sind häufig in der Lage, ihre Vorliebe für eine bestimmte weibliche Rundung in aller Ausführlichkeit zu erläutern. Würde man als neutraler Theoretiker jedoch davon ausgehen, dass die meisten Männer eine wohlgeformte weibliche Brust einem knackigen Gesäß vorziehen würden (immerhin unterscheiden sich männliche und weibliche Brust nicht nur optisch, sondern auch funktional deutlich voneinander), zeigen Untersuchungen ein anderes Ergebnis. So befragte beispielsweise ein bekanntes britisches Männermagazin

Satz 41:
„Bist du Arsch- oder Brustmann/-frau?"
(Autorinnen: Lena Broecker & Judith Suerbaum)

mehr als 75.000 User in einer Internet-Umfrage, davon 22.000 in Deutschland. Während nur 14% der deutschen Umfrageteilnehmer Brüste als die attraktivste Körperregion der Frau nannten, kam der Hintern auf 27% – womit sich dieser allerdings nicht gegen die Augen durchsetzen konnte, welche 28% erreichten.

Bei der weltweiten Abstimmung schnitten die Brüste etwas besser ab. Mit 20% konnten sie sich aber ebenfalls nicht gegen den Po (25%) durchsetzen. Vielleicht ist die Erklärung für die männliche Begeisterung für weibliche Hintern in der Zeit unserer auf vier Beinen laufenden Vorfahren zu suchen, als „Arsch auf Augenhöhe" noch die Regel war.

Satz 42:

„Welches Gericht kannst du am besten kochen?"

***

Satz 43:

„Was magst du an dir besonders?"

***

Satz 44:

„Was steht ganz oben auf deiner To-Do-Liste?"

***

Satz 45:

„Was gibt's Neues?"

***

Satz 46:

„Was ist dein Lieblings-Kinderbuch?"

(Autorin: Bettina Fricke)

***

Satz 47:

„Wer ist dein Vorbild?"

Satz 48:

„Beschreibe dich in drei Adjektiven
a) ... deinem Chef!“
b) ... deinem Date!“
c) ... der Mutter deines Dates!“

***

Satz 49:

„Und... Schon Sommer-/Winterreifen drauf?“

(Fragen Sie unabhängig von der Antwort Ihres Gegenübers, ob dieser seine Reifenwechsel selbst vornimmt und wie gut ihm dies gelingt bzw. ob er früher schon einmal einen eigenständigen Reifenwechsel vorgenommen hat. Falls Ihr Gesprächspartner kein Auto besitzt, fragen Sie, ob er Unplattbar-Reifen für sein Fahrrad nutzt und ob sie halten bzw. ob er etwa keine Probleme mit Löchern hat.)

***

Satz 50:
„Wie sieht es mit deinen Vorsätzen für dieses Jahr aus?“

***

Satz 51:

„Welchen Film kannst du mir empfehlen?"
(Autorin: Judith Suerbaum)

***

Satz 52:
„Wie kommst du mit deinen Nachbarn klar?“

SATZ 53:
„WAS MACHT DER RÜCKEN?"

85% aller Deutschen haben in ihrem Leben mindestens einmal Kreuzschmerzen, 20 Millionen Deutschen schmerzt der Rücken regelmäßig – die Wahrscheinlichkeit, dass Ihr Gesprächspartner von Problemen mit dem Rücken berichten kann, ist also nicht zu unterschätzen. Haben auch Sie Erfahrungen mit Orthopäden und Physiotherapeuten, ist in Ihrer kleinen Runde eine Gemeinsamkeit entstanden, welche zu einer positiven Bindung führen und Grundlage für weiterführende Gespräche über empfehlenswerte Ärzte, Workouts und Dehnübungen bieten kann.

Achten Sie in Ihrem Gespräch darauf, nicht nur die negativen Aspekte der Rückenleiden zu beleuchten, sondern Ihre Leben in einer holistischeren Perspektive zu betrachten („Zumindest fehlt uns ja sonst nichts…").

***

SATZ 54:
„DIE SPRITPREISE SOLLEN SCHON WIEDER STEIGEN!"

Auch dieser Satz verfolgt unter anderem das Ziel, eine positive Bindung zwischen Ihrem Gesprächspartner und Ihnen zu erzeugen, da sich vermutlich niemand von Ihnen über eine Erhöhung der Spritpreise freut (sollte eine, aber nicht alle Personen Ihrer Runde Umweltaktivist sein, sollten Sie überdenken, ob es keinen besser geeigneten Satz gegen die peinliche Stille gibt). Das Thema Spritpreise bietet des Weiteren aber außerdem die Möglichkeit, den folgenden Gesprächsverlauf auf verschiedenste Themen zu lenken, etwa Politik, Wirtschaft, Ökologie oder Regionen und Zeiten geringerer Spritpreise (und der dort und damals gefahrenen Autos).

Sollten Sie die Diskussion in eine wirtschaftspolitische Richtung lenken wollen, ist es empfehlenswert, sich zuvor über die Gründe von Spritpreiserhöhungen zu informieren. Hier ist zu bedenken, dass von den Mineralölkonzernen angegebene Gründe für Steuererhöhungen nicht den wahren Ursachen entsprechen müssen.

Was sie ebenfalls im Hinterkopf behalten sollten: Seit 2006 heißt die Mineralölsteuer in Deutschland Energiesteuer und betrug im Jahr 2010 für Benzin 65,45 Cent/Liter und für Diesel 47,04 Cent/Liter. Neben der Energiesteuer verdient der Staat an Tankfüllungen zudem durch die aufgeschlagene Mehrwertsteuer.

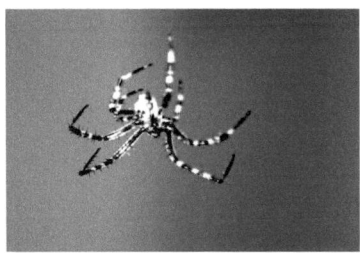

Satz 55:
„Wovor hast du am meisten Angst?"

***

Satz 56:
„Was hast du von deinen Großeltern geerbt?"

***

Satz 57:
„Was macht eigentlich xxx?"
(Setzen Sie für xxx den Namen einer Person ein, die Sie beide kennen.)

***

Satz 58:
„Hier und Jetzt, Zukunft oder Vergangenheit – wo lebst du?"
(Autorin: Lena Broecker)

***

Satz 59:
„Was ist der Sinn unserer Existenz?"
(Autorin: Lena Broecker)

***

Satz 60:
„Schluckst du oder spuckst du?"
(Sollte diese Frage unangebracht sein, fragen Sie einfach:
„Und, wie ist der Sex so?" Autor: Niklas Kohnen)

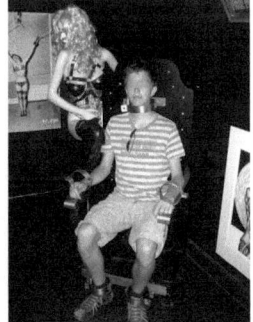

Satz 61:
„Warum gibt es im Flugzeug Schwimmwesten, aber keine Fallschirme?"

Grundsätzlich ist das Stellen einer Wissensfrage immer dann eine gute Idee, wenn Sie an der Antwort tatsächlich interessiert und zudem guter Zuversicht sind, dass Ihr Gesprächspartner die richtige Antwort kennt. Achten Sie nur darauf, sich selbst nicht zu blamieren, weil die Antwort zu Ihrem Allgemeinwissen zählen sollte, oder Ihren Gesprächspartner nicht in Verlegenheit zu bringen, weil er die Antwort nicht kennt, obwohl er sie eigentlich kennen sollte.

Die oben genannte Frage ist deshalb in vielen Situationen geeignet, weil ihre Antwort – abgesehen für Mitarbeiter der Flugbranche – nicht zum Allgemeinwissen zählt. Dennoch ist sie für viele Menschen interessant, da fast jeder schon einmal geflogen ist. Statt sich durch eine falsche Antwort zu blamieren, kann man hier durch clevere Hypothesen seine gedanklichen Raffinessen unter Beweis stellen.

Sollten Sie einmal in einem Gespräch gefragt werden, warum es im Flugzeug keine Fallschirme gibt, können Sie folgende Gründe nennen:

- Fallschirme sind teuer.
- Fallschirme sind für ungeübte Springer zu gefährlich.
- Es ist sehr schwierig, aus einem abstürzenden Flugzeug auszusteigen (Schwerkraft, Hydraulik, wenige Ausgänge, Höhenangst, …). Für die Zulassung des Airbus A380 haben die Behörden beispielsweise vorgeschrieben, dass 650 Passagiere das Flugzeug in nur 90 Sekunden verlassen können. Dies würde bedeuten, dass etwa alle 0,14 Sekunden ein Passagier aus dem abstürzenden Flugzeug springen müsste bzw. bei Nutzung aller 16 Türen rund alle 2,2 Sekunden ein Passagier pro Tür.

***

Satz 62:
„Welches Bild hängt an deiner Wand? "

***

Satz 63:
„Was ist deine heimliche Leidenschaft?"

Satz 64:

„Was machst du im Leben?"

(Autor: Dustin Rochow)

***

Satz 65:

„Was ist deine Idee für das perfekte Date?"

***

Satz 66:

„Was ist deine kreative Geschäftsidee?"

Hier können Sie die besten Date- und Geschäftsideen für später notieren:

_____
_____
_____
_____
_____
_____

***

Satz 67:

„Wer bringt dich am häufigsten zum Lachen?"

***

Satz 68:

„Wie kann man dir den Tag bereits morgens verderben?"

Achten Sie darauf, durch diese Frage keine negative Stimmung entstehen zu lassen. Besteht diese Gefahr, fragen Sie: „Wie sieht für dich der perfekte Sonntag aus?" Autorin: Judith Suerbaum.

Kapitel III: Was wird?

Satz 69:
„Was wünscht
du dir für die
Zukunft?"

Wünsche für die Zukunft sind stark von der persönlichen Lebenssituation abhängig. Trotzdem deuten Umfragen darauf hin, dass bestimmte Themen immer wieder genannt werden.

So zeigte sich in einer eher politisch orientierten Untersuchung, dass sich 17,7% aller Deutschen mehr soziale Gerechtigkeit wünschen. Für 13,9% stehen Freunde und Familie an oberster Stelle. Für 9,8% sind ein guter Job und ein erfülltes Berufsleben am wichtigsten. Weitere häufig genannte Bereiche sind Gesundheit (8,2%), Bildung (6,8%), Umwelt- und Klimaschutz (6,6%), Wohlstand (6,1%), Freizeit (5,9%), Energieversorgung (5,8%) und die Sicherung des Lebensstandards (5,7%).

Eine der größten regionalen Abonnenten-Zeitungen Deutschlands aus dem Raum Düsseldorf ermittelte im Jahr 2013 die 15 größten Wünsche der Deutschen: Auf dem ersten Platz landete die Ferienwohnung bzw. das Ferienhaus – gefolgt vom exklusiven Auto (Platz 2), einem Flachbild-TV (Platz 3) und einer luxuriös ausgestatteten Küche (Platz 4). Der gut sortierte Weinkeller schaffte es auf Platz 7; die handgefertigten Schuhe zumindest auf Platz 10.

***

Satz 70:
„Worauf freust du dich am meisten?"

Satz 71:
„Wie stellst du dir dein Traumhaus vor?"

(Sollte sich Ihr Gegenüber sein Traumhaus schon gebaut haben, fragen Sie ihn, wie er sich seine Zeit als Rentner vorstellt. Sollte er schon in Rente sein, erkundigen Sie sich beispielsweise danach, wie er sich seine Beerdigung vorstellt.)

***

Satz 72:
„Was machst du am 1. Mai?"

Wählen Sie als Event ein sich in naher Zukunft befindliches Datum. Wissen Sie bereits etwas über die Gewohnheiten Ihres Gegenübers, fragen Sie konkreter, etwa „Und Weihnachten geht's wieder in die Kirche?" oder „Beim Osterfeuer schenkst du wieder aus?". Sollte in den nächsten Wochen kein öffentlicher Feiertag im Kalender stehen, orientieren Sie sich am Fernsehprogramm, etwa „Dschungelcamp guckst du auch wieder, was?".

***

Satz 73:
„Was machst du in xxx?"

Setzen Sie für xxx einen Ort ein, von dem Sie wissen, dass Ihr Gesprächspartner dorthin reisen wird, zum Beispiel, weil Sie gerade gemeinsam eine Fahrgemeinschaft bilden. Wissen Sie von keinem Ort, den Ihr Gegenüber bereisen wird, fragen Sie nach seinen Reiseplänen oder erkundigen Sie sich alternativ, was er nach Ihrem Gespräch zu tun beabsichtigt. Autor: Benjamin Hübner.

Kapitel IV: Was würde?

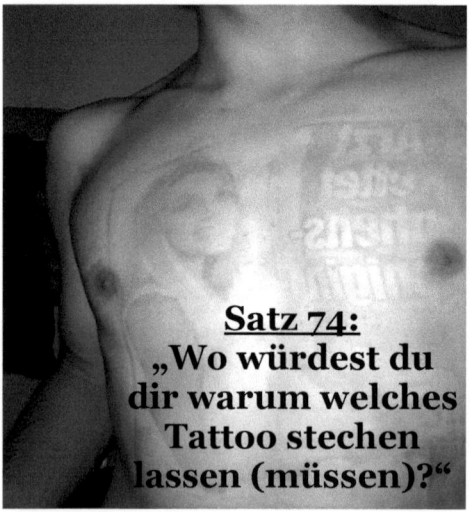

Satz 74:
„Wo würdest du dir warum welches Tattoo stechen lassen (müssen)?"

Tätowierungen sind mittlerweile keine Seltenheit mehr. Wurden sie ursprünglich noch mit Matrosen und Straftätern in Zusammenhang gebracht, ist inzwischen jeder Neunte tätowiert – andere Zahlen sprechen sogar von jedem Sechsten. Dabei weisen verschiedene Studien negative Zusammenhänge zwischen Einkommen und Häufigkeit von Tätowierungen nach. Eine französische Studie brachte Tattoos zudem mit riskantem Verhalten wie hohem Alkoholkonsum oder ungeschütztem Geschlechtsverkehr in Verbindung.

Die meisten Tätowierungen finden sich mit 23% in der Gruppe der 30- bis 39-Jährigen. Von den Menschen über 60 Jahren sind hingegen lediglich 2% tätowiert. Über drei Viertel der Deutschen sind immer wieder erstaunt, wie viele Menschen tätowiert sind. Über die Hälfte sieht den Trend als eine vorübergehende Modeerscheinung an.

Sollte Ihr Gegenüber bereits tätowiert sein, fragen Sie doch auch nach der Geschichte seines ersten Tattoos.

***

Satz 75:
„Wie würdest du die Welt verbessern?"

***

Satz 76:
„Welchen Beruf hättest du heute gewählt?"

Satz 77:
„In welchem Jahr würdest du gern einmal leben?"

***

Satz 78:
„Was würdest du machen, wenn du nur noch ein Jahr zu leben hättest?"

***

Satz 79:
„Welche Fremdsprache würdest du gern noch sprechen können?"
(Falls Ihr Gegenüber keine weitere Fremdsprache sprechen möchte, fragen Sie, welchen Führerschein er gern noch erwerben würde.)

***

Satz 80:
„Für wie viel Geld würdest du
a) ... auf Internet verzichten?"
b) ... als Vegetarier Fleisch essen?"
c) ... eine Scheinehe eingehen?"

***

Satz 81:
„Angenommen, du wärst das andere Geschlecht: Wie viel Ausschnitt / Bizeps würdest du zeigen?"

Satz 82:
„Könntest du dir vorstellen, eine Sekte zu gründen?"

***

Satz 83:
„Welche Serie hätte deiner Meinung nach nie abgesetzt werden dürfen?"

***

Satz 84:
„Womit würdest du einen Hypnotiseur beauftragen?"

***

Satz 85:
„Welches Instrument würdest du gern lernen?"

***

Satz 86:
„Mit wem würdest du einen Tag tauschen wollen?"

Satz 87:
„Was würdest du machen, wenn jetzt Sommer / Winter wäre?"

***

Satz 88:
„Wenn du ein Buch schreiben würdest –
wovon würde es handeln?"

***

Satz 89:
„WAS WÜRDEST DU MACHEN, WENN DU
NICHT STRAFMÜNDIG WÄRST?"

***

Satz 90:
„Was wärst du mit Abitur /
mit einem Hauptschulabschluss geworden?"

Satz 91:
„Welche Superkraft würdest du dir aussuchen?"

Rund 300 Menschen wurden befragt, welche der folgenden Superkräfte sie sich aussuchen würden: Unsichtbarkeit, Fliegen können, übermenschliche Kräfte. Etwa die Hälfte aller Teilnehmer entschied sich für die Fähigkeit zum Fliegen. Obwohl wir Flugzeuge, Helikopter und Raketen besitzen, scheint der Traum vom eigenständigen Fliegen also stärker ausgeprägt zu sein als die Fähigkeit, Gedanken lesen oder jeden anderen stundenlang beobachten zu können, ohne in Gefahr zu laufen, erwischt zu werden. Glücklicherweise glauben zumindest schätzungsweise 20% der Menschen des westlichen Kulturkreises an die Reinkarnation und können daher voller Hoffnung sein, als Vogel geboren zu werden. Gehört Ihr Gesprächspartner auch zu diesen 20%?

***

Satz 92:
„Wie würdest du einem Außerirdischen erklären,
a) ... dass sich Menschen für Fußball interessieren?"
b) ... dass Menschen in die Kirche gehen?"
c) ... dass Menschen für ein technisches Produkt doppelt so viel Geld ausgeben, wenn auf dem Gehäuse ein Apfel abgebildet ist?"

***

Satz 93:
„Was würdest du sagen, wenn du eine Nachricht verkünden könntest, die die ganze Welt hört?"

Satz 94:
„Wohin würdest du ziehen, wenn du die Wahl hättest?"

Immer mehr Deutsche wandern aus – die meisten in die Schweiz. 22.000 Deutsche zog es im Zeitraum von 2005 bis 2009 in die Eidgenossenschaft. Im gleichen Zeitraum verließen 14.000 Auswanderer ihre Heimat in Richtung der Vereinigten Staaten. Jeweils 11.000 gingen nach Österreich, Polen und Großbritannien. Rang 6 der Top-Auswanderländer belegte Spanien mit 10.000 Migranten, gefolgt von Frankreich mit 7.000.

Zu berücksichtigen ist allerdings, dass die wenigsten Deutschen ihrem Geburtsland für immer den Rücken kehren. So kamen 78% der Auswanderer in den Jahren 1996 bis 2006 wieder zurück, bei Hochschulabsolventen lag die Quote sogar bei 85%.

***

Satz 95:
„Was würdest du mit 1.000.000 Euro machen?"

Kapitel V: Wenn das alles nichts hilft

Satz 96:
„An welches Tier erinnere ich dich?"

Genetisch ähneln wir dem Schimpansen mit 98,5%iger Übereinstimmung sehr stark. Auch die Übereinstimmungen zur Maus und zur Fruchtfliege sind mit 92% und 75% beachtlich. Allerdings erklären solche Genom-Untersuchungen nicht, warum eine Person eher nach Affe, eine andere hingegen eher nach Wüstenrennmaus aussieht.

Interessant ist in diesem Zusammenhang eine Studie, die eine äußere Ähnlichkeit zwischen (reinrassigen) Hunden und ihren Besitzern nachweist. Die Forscher führen die Ähnlichkeit allerdings nicht darauf zurück, dass sich Mensch und Hund mit der Zeit immer ähnlicher werden – stattdessen vermuten sie, dass sich Menschen bereits beim Kauf für die Rassen entscheiden, die ihnen ähneln.

Eine solche Erkenntnis steht aber in keinem Widerspruch zur offensichtlichen Tatsache, dass optische Zusammenhänge zwischen Menschen und verschiedenen Spezies bestehen. Wie genau dies zustande kommt, kann noch nicht einwandfrei erklärt werden. Möglicherweise spielen hier Prozesse der selektiven Wahrnehmung eine zentrale Rolle: Weil wir wissen, wie ein bestimmtes Tier aussieht, nehmen wir Gemeinsamkeiten zwischen ihm und dem uns gegenübersitzenden Menschen deutlicher wahr als sie es objektiv sind.

Satz 97:
„Trinke einen Schluck Wasser, schlucke nicht herunter, summe ein Lied und ich werde es erraten!"

***

Satz 98:
„Eine Freundin benötigt Hilfe – ich brauche deinen Rat!"

Menschen freuen sich, wenn sie ihre Kompetenz unter Beweis stellen dürfen, und helfen unter solchen Umständen gern. Auch, wenn Sie in diesem Fall tatsächlich gar nicht am Rat Ihres Gegenübers interessiert sind, bietet der Gesprächseinstieg die Möglichkeit, sich über Normen und Einstellungen auszutauschen und das gegenseitige Vertrauen zu stärken.

Denken Sie sich eine x-beliebige, lebensnahe Problemsituation aus. Fällt Ihnen auf Anhieb nichts ein, erinnern Sie sich, was Sie das letzte Mal im Vorabendprogramm gesehen haben. Erzählen Sie also beispielsweise, dass Ihre Freundin in finanziellen Schwierigkeiten steckt, von Ihrem Freund zu ungewünschten Sexpraktiken gedrängt wird, über eine Abtreibung nachdenkt, unsicher bezüglich des Umgangs mit der Alzheimererkrankung ihres Vaters ist etc. pp.

Beziehen Sie die Geschichte auf keinen Fall auf sich selbst und weigern Sie sich, den Namen Ihrer Freundin zu nennen. Dadurch entgehen Sie nicht nur der Gefahr, dass die Unwahrheit Ihrer Story enttarnt wird, sondern machen gleichzeitig einen vertrauenswürdigen, intelligenten und sozial engagierten Eindruck, da Ihre Freundin ja genau Sie um Rat gefragt hat, Sie mit der Sache diskret umgehen, aber trotzdem nach einer Lösung suchen.

Autor: Philipp Rauwald.

***

Satz 99:
„Stell dir vor, du wärst ein Cocktail. Wie wäre dein Name?"

Satz 100:
„Erzähl mir ein Geheimnis, das nur du kennst!"

***

Satz 101:
„Jetzt ist das Eis gebrochen!"
(Schmeißen Sie dabei Eiswürfel auf den Boden. Autorin: Lena Broecker)

***

Bonus-Satz (102):
„Los, lass uns Date-Doktor spielen!"
(Die Spielanleitung befindet sich auf den folgenden Seiten.)

Extra: Date-Doktor

ein Flirtspiel für 2-20 Spieler

Date-Doktor ist nicht nur ein Spiel, mit dem die peinliche Stille durchbrochen werden kann – es bietet zudem eine zusätzliche Einsatzmöglichkeit für die 101 Sätze gegen die peinliche Stille, und zwar in Form innovativer Anmachsprüche.

Vorbereitung:

- Jeder Teilnehmer überlegt sich drei Adjektive, die ihm bei seinem Flirtpartner besonders wichtig sind *(zum Beispiel „größer als 180 cm", „jünger als 30 Jahre" und „Brillenträger")* und schreibt diese gemeinsam mit seinem Namen auf einen Zettel.
- Jeder Teilnehmer faltet seinen Zettel und schmeißt ihn in eine für alle Zettel gemeinsame Box.
- Jeder Teilnehmer zieht einen Zettel aus der Box, aber nicht seinen eigenen. Wer seinen eigenen Zettel zieht, muss einen neuen Zettel ziehen und seinen eigenen anschließend zurück in die Box werfen. Ist dieses Vorgehen nicht möglich, weil bereits alle anderen Zettel verteilt worden sind, müssen die Zettel unter den Teilnehmern entsprechend so getauscht werden, dass am Ende jeder den Zettel eines anderen Teilnehmers in der Hand hält. Von nun an ist jeder Flirtcoach des Mitspielers, dessen Zettel er gezogen bzw. ertauscht hat. *(Beispiel: Lukas zieht Valeries Zettel, Valerie zieht Lukas Zettel und Johanna zieht als letztes ihren eigenen Zettel. Da Johanna keinen neuen Zettel ziehen kann, bietet Lukas ihr an, den von ihm gezogenen Zettel (mit Valeries Namen) mit ihr zu tauschen. Johanna ist einverstanden. Sie ist nun Valeries Flirtcoach. Valerie ist Lukas Flirtcoach. Lukas ist Johannas Flirtcoach.)*
- Alle Teilnehmer begeben sich gemeinsam in eine Umgebung, in der sich ausreichend viele potenzielle Flirtpartner befinden.

Ziel des Spiels:

- Gewonnen hat, wer am Ende des Abends die meisten Date-Points gesammelt hat. Für eine korrekt erhaltene Handynummer gibt es zwei Date-Points; für einen Zungenkuss gibt es fünf Date-Points.

Spielregeln:

- Als Flirtcoach besteht die Aufgabe jedes Spielers darin, seinem Coachee (also der Person, dessen Zettel der Flirtcoach gezogen hat) geeignete Flirtpartner aus der Menge herauszusuchen. Ein Flirtpartner ist dann geeignet, wenn er alle drei genannten Adjektive erfüllt, offensichtlich nicht bereits vergeben ist *und* der sexuellen Orientierung des Coachees entspricht (es ist also nicht notwendig, ein Adjektiv für eine Geschlechtsangabe zu opfern).
- Sobald ein Flirtpartner für einen Teilnehmer gefunden worden ist, hat dieser zwei Möglichkeiten:
  a) Ansprache des Flirtpartners
  b) Ablehnung der Ansprache

- Eine Ablehnung der Ansprache ist nur zweimal in Folge möglich. Entscheidet sich der Teilnehmer nach zwei vorherigen Ablehnungen der Ansprache erneut gegen eine Ansprache, scheidet er aus dem Spiel aus. Die bisher gesammelten Date-Points bleiben ihm erhalten. *(Ausnahme: Der Teilnehmer gibt einen seiner bereits gesammelten Date-Points ab. In diesem Fall darf er die Ansprache für jeden abgegebenen Date-Point ein weiteres Mal ablehnen.)*

- Bei einer Entscheidung für die Ansprache des Flirtpartners muss der Teilnehmer den Flirtpartner derart ansprechen, dass ein Dialog zustande kommt, der mindestens 20 Sekunden anhält *oder* in dem es zu mindestens fünf Sprecherwechseln kommt. Nur dann wird die Ansprache als erfolgreich gewertet und der Teilnehmer hat das Recht, die Ansprache von bis zu zwei ihm vorgeschlagenen Flirtpartnern im Folgenden wieder zu verweigern. Ist die Ansprache nicht erfolgreich, scheidet der Teilnehmer zwar nicht direkt aus dem Spiel aus – die Zahl seiner erlaubten Ablehnungen bleibt jedoch auf dem Niveau vor der erfolglosen Ansprache (also zwischen 0 und 2) bestehen.

- Da eine erfolgreiche Ansprache allein noch keine Date-Points erbringt, ist das Flirtgeschick des Teilnehmers gefragt. Dessen Aufgabe ist es, an die Handynummer seines Flirtpartners zu gelangen und/oder ihn per Zunge zu küssen. Hierfür werden zwei bzw. fünf Date-Points vergeben, sodass pro Flirtpartner maximal sieben Date-Points erzielt werden können. Eine erhaltene Handynummer wird durch den Flirtcoach direkt an Ort und Stelle auf ihre Richtigkeit überprüft. Ebenso muss ein Zungenkuss durch mindestens einen weiteren Teilnehmer bezeugt und dem jeweiligen Flirtcoach gemeldet werden.

- Der Flirtcoach hat stets die Aufgabe, nach geeigneten Flirtpartnern für seinen Coachee Ausschau zu halten. Insbesondere auf dessen Drängen hin hat er schnellstmöglich einen Kandidaten vorzuschlagen.

- Ein genanntes Adjektiv darf (nur) gegen Abgabe eines Date-Points verändert werden.

Hinweise:

- Beachten Sie: Jeder Teilnehmer ist zugleich Coachee und Flirtcoach.
- Formulieren Sie Ihre Adjektive so konkret, dass Sie Ihre Flirtpartner attraktiv finden. Bleiben Sie auf der anderen Seite so allgemein, dass für Sie ausreichend Flirtpartner gefunden werden können.
- Spielen Sie nicht mit den Gefühlen Ihrer Flirtpartner.
- Bleiben Sie locker und nutzen Sie kreative Sprüche für Ihre Ansprache unter Zuhilfenahme dieses Ratgebers.